Inhalt

Unternehmenskommunikation - Unified Communication integriert alle Kommunikationskanäle

Kernthesen

Beitrag

Fallbeispiele

Weiterführende Literatur

Impressum

Unternehmenskommuni - Unified Communication integriert alle Kommunikationskanäle

M. Westphal

Kernthesen

- Die Kommunikationswelt in Unternehmen wird vielfältiger, wodurch die Wartungs- und Administrationskosten für die ITK-Hard- und Software ansteigen, sowie die Investitionskosten.
- Die wachsende Vielzahl an Kontaktinformationen über eine Person erleichtern nicht, sondern erschwern die

Kontaktaufnahme.
- Unified Communication ermöglicht ein einheitliches und integrierendes IP-basiertes effizienteres Kommunikationsinfrastruktur.

Beitrag

Die Kommunikation in Unternehmen verläuft inzwischen aufgrund der wachsenden Mobilität der Mitarbeiter über eine Vielzahl von Kanälen. Die entsprechenden Wartungs- wie auch Security-Kosten steigen rasant und die Erreichbarkeit der Mitarbeiter wird zu einem Lotteriespiel.

Die Anzahl der Kommunikationsmedien nimmt zu und damit auch die Probleme

Im Zuge von Web 2.0 hat sich Social Networking etabliert. Hierbei treten Blogs, Podcasts, Wikis, Suchmaschinen, Instant Messaging als neue Kommunikationsformen und VoIP- und Peer-to-Peer-Netze als neue Kommunikationstechnologien in den Fokus. Diese gesellen sich zusätzlich zu den schon bekannten und etablierten Medien wie E-Mail, Mobil-

und Festnetztelefonie. Die Erreichbarkeit der Nutzer, die unterschiedlichen Vorlieben für einzelne Kommunikationskanäle und die jeweiligen Medienbrüche, denen der Informationsfluss ausgesetzt ist, verlangen nach einer Integration aller dieser Kommunikationskanäle inklusive der Konvergenz der Daten- und Informationsflüsse. Für die Unternehmen erhöhen sich die Wartungsaufwendungen der verschiedenen Kanäle, die Sicherheit der kompletten und hoch-komplexen Infrastruktur gegen unerwünschte von außen kommende böswillige Manipulationen. Verschiedene Anbieter versuchen diesen Themen gerecht zu werden. Bei solcherart komplexen integrierenden Kommunikationslösungen wird von Unified Communication gesprochen. (9)

Voice over IP als Basis für Unified Communication

Bisher ist für viele Anwender die Voice over IP (VoIP)-Telefonie deshalb so attraktiv, weil die Kosten deutlich geringer sind als bei traditioneller Telefonie und die Integration der Telefonsoftware mit verschiedensten Unternehmensanwendungen möglich ist. Gerade darin liegt das zukünftige Potenzial von VoIP, denn die komplette Integration der Sprachtelefonie mit allen anderen Formen der Kommunikation und des Datenaustausches ermöglicht als Unified Communications eine effiziente Kommunikationsarchitektur. Ein erster Ansatz liegt in der Kombination von WLAN und VoIP zu einem Substitut für die DECT-Telefonie. Gerade Nutzer in Heimbüros könnten von dieser Lösung profitieren, die derzeit von Cisco angeboten wird; Services wie Skype und Yahoo nutzen dies auf ihren entsprechend designten Drahtlostelefonen. (1)

Unified Communication verringert Wartungskosten

Die Hardwareausstattung in Unternehmen für Kommunikationsleistung wird dezentralisierter und vor allem mobiler. Verschiedenste heterogene Endgeräte wie Laptops, Handys und auch der Festnetzanschluss nutzen die komplexe Sprach- und Datenkommunikation. Die Verknüpfung und Wartung dieser Kommunikationslandschaft führt zu steigenden Investitions-, Wartungs- und Verwaltungsaufwendungen. So besteht die Forderung der Anwender in der Zusammenführung der verschiedenen Kommunikationsformen.
Viele Unternehmen haben großes Interesse an der Installation von VoIP-Lösungen. Die Einführung einer

unternehmensweiten VoIP-Lösung ist mit vielen Schwierigkeiten für die Unternehmen verbunden. Im Wesentlichen liegen die Probleme in der Wartung und dem Betrieb der Systeme. Zwar gibt es genügend Anbieter, die Managed- bzw. Hosted-IP-Telefonieanlagen anbieten, bei denen die komplette Anlage von einem Service-Provider betrieben und gewartet wird. Dieses ist auch möglich in Fällen, bei denen die Systeme physikalisch beim Kunden stehen. Diese Lösungen scheitern in der Praxis häufig daran, dass die LAN-Probleme im Unternehmen nicht unterstützt werden. So ist es für die Kunden von Vorteil, sämtliche IT-Services inklusive des VoIP-Betriebs an einen entsprechenden Dienstleister herauszugeben. Erst dann kann damit begonnen werden, eine komplette Unified-Communications-Plattform zu planen und aufzubauen, sodass nicht nur die Telefonie und isoliert davon alle LAN-Anwendungen vernünftig laufen, sondern sämtliche Funktionalitäten IP-basiert integriert werden. (7)

Die Killer-Applikationen von Unified Communication ist die Präsenzinformation

Eine der wesentlichen Applikationen von Unified-

Communication-Lösungen ist die Anwesenheitsinformation der einzelnen Mitarbeiter. So ist immer sichergestellt, dass jeder Mitarbeiter des Unternehmens weiß, über welchen Kommunikationskanal er den gewünschten Kollegen am besten erreichen kann. Denn die zunehmende Anzahl an Kommunikationswegen erschwert eine schnelle und unkomplizierte Kontaktaufnahme erheblich. Die Mitarbeiter verfügen über eine Festnetznummer, eine Mobilnummer und oft auch eine Nummer im Home-Office. Nach erfolglosen Kontaktversuchen bleibt nur das Schreiben einer E-Mail, ohne zu wissen, ob und wann der entsprechende Kontaktwunsch denn diese Nachricht wirklich empfängt. (7) (8)
Eine ideale Unified Communications-Plattform stellt kontinuierlich die Präsenzinformationen über die Mitarbeiter bereit. So ist immer sicher gestellt, dass ein Kontaktwunsch sofort die Information erhält, ob sein Gesprächspartner via Instant Messaging, E-Mail, Mobiltelefon oder das Festnetz erreichbar ist. Die Messaging-Zentrale stellt sicher, dass dann die direkte Kontaktaufnahme auch prozessgesteuert über den gewünschten Kommunikationskanal stattfindet, ohne erst eine Telefonnummer, E-Mail-Adresse oder andere Kontaktdaten heraussuchen zu müssen. (8)
Ebenso ermöglicht Unified Communication die Einrichtung von Servicenummern, die dann die Anrufe in die IP-Netze des Unternehmens

weiterleiten und die Zugriffe auf Telefonbücher und Kalender ermöglichen. Dadurch können Kosten eingespart werden und die Nutzer erhalten eine nahtlose Schnittstelle in alle Kommunikationsleistungen. Die Kosten verringern sich insbesondere durch den Entfall der klassischen Netzinfrastruktur und die damit verbundenen Adminstrationskosten. Die Integration von Sprachportalen wie Taxi-Ruf kann problemlos vorgenommen werden und sogar zu einem virtuellen Sekretariat vernetzt werden.

Fallbeispiele

Cisco arbeitet an der Weiterentwicklung seiner Unified-Communications-Systeme. Die aktuelle Version 6.0 unterstützt mobile Endgeräte und dessen Technologie basiert größtenteils auf dem im Jahre 2006 gekauften Unternehmen Orative. Damit ist Unified-Communications nicht mehr nur noch auf vernetzte PCs begrenzt, sondern kann über entsprechende intuitiv zu bedienende grafische Benutzeroberflächen auch Mobiltelefone und Smartphones in die Unternehmensanwendungen integrieren. (2)

Cisco will zusammen mit IBM der im Sommer 2006 zwischen Microsoft und Nortel geschlossenen Unified-Communications-Allianz entgegentreten. IBM und Cisco legen Programmschnittstellen in IBMs Lotus Sametime und APIs von Cisco offen, um so die Anwendungsentwicklung für den Unified Communications and Collaboration Client (UC2) zu beschleunigen. (2)

Das Produkt Workplace der Schweizer Firma Collanos Software AG soll die elektronische Zusammenarbeit von kleinen Arbeitsgruppen erleichtern. In Zeiten von Web 2.0 und zunehmender Globalisierung können Unternehmen ihre Virtualität erhöhen und über geografische Grenzen hinweg zusammen arbeiten. (5)
Zwar ist dieses System von seiner Leistungsfähigkeit nicht mit den großen Enterprise-Systemen von Microsoft oder IBM vergleichbar. Es gibt keine Versionskontrolle oder Terminverwaltung und auch die Definition von Arbeitsabläufen kann nicht generiert werden. Dafür ist es extrem einfach zu bedienen, ist an kein Betriebssystem gebunden und dazu noch gratis. Geld verdient das Unternehmen mit Zusatzapplikationen oder Dienstleistungen im Bereich Konfiguration der Software. Inzwischen soll es bereits einige tausend Nutzer geben, die dieses Paket nutzen. Das Unternehmen erwartet, bis zum

Jahre 2009 mehr als eine Million Nutzer zu haben, um dann auch erstmals einen positiven Cash-Flow zu erzielen. (5)

Cisco hat für ungefähr 830 Millionen US-Dollar das Unternehmen Ironport übernommen. Der strategische Nutzen dieses Investments liegt darin, dass Cisco nun über eine Technologie-Plattform verfügt, die für Unified Communications eine Sicherheitsinfrastruktur darstellt, die E-Mail, Instant Messaging und Voice-over-IP absichern kann. Cisco hat so eine führende Sicherheitslösung für Unified Communication-Technologie als Suite im Haus. (6)

Nortel hat im Zuge seiner Allianz mit Microsoft Lösungen geplant, die die Konvergenz von verkabelten und mobilen Netzwerklösungen ermöglichen. So werden in 2007 Produkte mit und ohne Software-Client für Windows-Mobile 5.0 und Symbian angeboten. Damit wird die Mobiltelefonie in den Rufnummernplan und die komplette Festnetztelefonie integriert. Im Gegensatz zu ähnlichen Lösungen von Unternehmen wie Avaya sollen die Nortel-Lösungen zusätzlich eine Integration in die Microsoft Office-Welt ermöglichen und so Funktionalitäten wie Präsenzfunktion und Instant Messaging ermöglichen. (10)

Vor etwa einem halben Jahr haben Microsoft und

Nortel eine Allianz im Bereich Unified Communication geschlossen. Jetzt kommt das erste Produkt auf den Markt, welches auch große Unternehmen und den Carrier-Markt adressieren soll. Im Vordergrund der Allianz steht die gemeinsame Entwicklung von einheitlichen und integrierten Kommunikationslösungen, die geräte- und netzwerkorientierte Kommunikationslösungen wie E-Mail, Instant Messaging oder Telefonie miteinander verbindet. Alle diese Kanäle sollen in ein Office-System integriert werden. Diese Allianz zielt auf die Produkte der traditionellen TK-Player wie Cisco, Siemens oder Alcatel-Lucent. (4)

Weiterführende Literatur

(1) IP-Telefonie entwickelt sich zur Informationsdrehscheibe VoIP besticht durch Integration
aus Computer Zeitung, Heft 11, 2007, S. 24

(2) Cisco weitet Unified-Communications-Plattform auf Mobilgeräte aus VoIP managt Geschäftsprozesse
aus Computer Zeitung, Heft 11, 2007, S. 6

(3) Die letzten Tage von Babylon
aus "Industriemagazin" Nr. 2/07 vom 01.02.2007 Seite: 64

(4) Kampfansage an die Großen

aus "Computerwelt" Nr. 3 / 2007 vom 07.02.2007

(5) Virtuelles Sitzungszimmer Schweizer Jungfirma lanciert Collaboration-Software
aus Neue Zürcher Zeitung, 19.01.2007, Nr. 15, S. 65

(6) Kauf passt zu Unified-Communications-Strategie Cisco greift zu im E-Mail-Security-Markt
aus Computer Zeitung, Heft 2, 2007, S. 2

(7) Nie mehr Festnetz-Telefonie
aus "Computerwelt" Nr. 2 / 2007 vom 23.01.2007

(8) Mail steuert Unified Communication
aus Computerwoche, 01.12.2006, Nr. 48 Seite 30-31

(9) Microsoft treibt die Entwicklung von Web 2.0 voran – Dienste erfordern spezielle Sicherheitskonzepte ITU Telecom World lässt Netz und Services verschmelzen
aus Computer Zeitung, Heft 50, 2006, S. 6

(10) Drei Teile sollen WLANs sichern Nortel plant die Mobilintegration
aus Computer Zeitung, Heft 52, 2006, S. 2

Impressum

Unternehmenskommunikation - Unified Communication integriert alle Kommunikationskanäle

Bibliografische Information der deutschen Nationalbibliothek

Die Deutsche Nationalbibliothek verzeichnet diese Publikation in der deutschen Nationalbibliografie; detaillierte bibliografische Daten sind im Internet über http://dnb.d-nb.de abrufbar.

ISBN: 978-3-7379-0327-1

© 2015 GBI-Genios Deutsche Wirtschaftsdatenbank GmbH, Freischützstraße 96, 81927 München, www.genios.de

Alle Rechte vorbehalten. Dieses Werk ist einschließlich aller seiner Teile – z.B. Texte, Tabellen und Grafiken - urheberrechtlich geschützt. Jede Verwertung außerhalb der Grenzen des Urheberrechtsgesetzes bedarf der vorherigen Zustimmung des Verlags. Dies gilt insbesondere auch für auszugsweise Nachdrucke, fotomechanische

Vervielfältigungen (Fotokopie/Mikroskopie), Übersetzungen, Auswertungen durch Datenbanken oder ähnliche Einrichtungen und die Einspeicherung und Verarbeitung in elektronischen Systemen.